Dekorative Dachziegel

Gudrun Kaenders

in verschiedenen Anwendungen

Fotos: frechverlag GmbH, 70499 Stuttgart;
Fotostudio Ullrich & Co., Renningen

Dieses Buch enthält:
2 Vorlagenbogen

Auflage: 5. 4. 3. 2. 1. | Letzte Zahlen
Jahr: 2007 2006 2005 2004 2003 | maßgebend

frechverlag GmbH, 70499 Stuttgart

ISBN 3-7724-3196-8 · Best.-Nr. 3196
Druck: frechdruck GmbH, 70499 Stuttgart

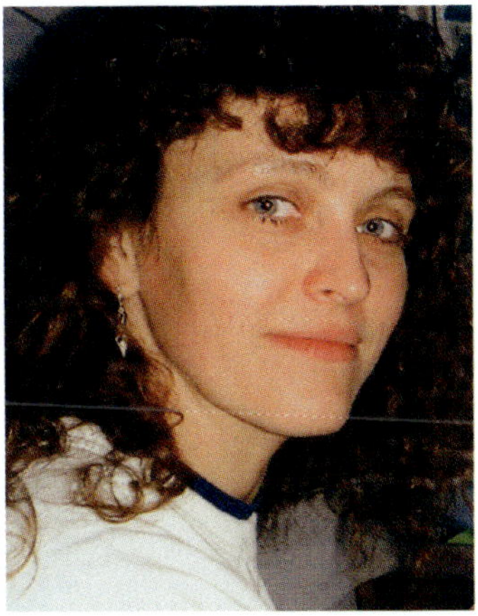

Dachziegel bieten eine vielseitige, haltbare und wetterfeste Grundlage für schöne Innen- und Außendekorationen. Sie werden in verschiedenen Formen angeboten und können mit wenigen Accessoires für ganz verschiedene Anwendungen gestaltet werden. Sie finden jahreszeitliche Dekorationen und solche, die das ganze Jahr über Saison haben.

Praktische Ideen für Küche und Bad stehen neben stimmungsvollen Modellen mit Kerzen. Auf einigen Ziegeln sitzt ein lustiger Kantenhocker und verrät z. B., dass Sie gerade im Garten sind. Andere Objekte heißen mit einem schönen Schriftzug Ihre Gäste willkommen. Die Gestaltungsvorschläge reichen von der Serviettentechnik übers floristische Gestalten bis hin zu dekorativ bemalten Modellen.

Sie werden sehen: Dachziegel sind wahre Verwandlungskünstler und regen zu immer neuen Kreativideen an!

Ihre

Material und Werkzeug

Dachziegel
Dachziegel und Dachpfannen gibt es in verschiedenen Formen und Größen. Sie sind in Baumärkten oder bei Dachdeckerbetrieben erhältlich. Sie können Ton- oder Betonziegel verwenden. Tonziegel sind von der Oberfläche her glatter und wirken dadurch etwas edler.
Bei den Modellen im Buch wurden Biberschwanzziegel in verschiedenen Größen, Halbziegel, Firstpfannen, Ortgänge und ganze Ziegel verwendet.

Servietten
Mithilfe von Servietten lassen sich auch für ungeübte Bastler schlichte Ziegel in wahre Kunstwerke verwandeln. Servietten gibt es in großer Vielfalt im Handel. Wichtig ist, dass Sie bei der Auswahl der Servietten deren Motivgrößen auf die Untergründe abstimmen, die Sie bearbeiten möchten. Besonders interessant ist es, wenn Sie sich von der vorgegebenen Motivanordnung auf den Servietten lösen. Ergänzen Sie andere Serviettenabschnitte und setzen Sie diese wie bei einem Puzzle aneinander. Gerade bei Dachziegeln ist dies oft nötig, da die Serviettenmotive sonst nicht den kompletten Ziegel abdecken.

Farben
Zur farblichen Gestaltung der Ziegel und der Holzteile wurden Acrylfarben verwendet. Es gibt sie als wetterfeste Farbe sowohl für den Außen- als auch für den Innenbereich. Besitzen Sie bereits Acrylfarben, die jedoch nur für den Innenbereich geeignet sind, können Sie auch diese für Ihre Modelle verwenden, die nach draußen sollen. Tragen Sie als Versiegelung einfach zusätzlich einen Lack auf. Es gibt dafür Matt- oder Glanzlack.

Holz
Für die Ziegeldekorationen mit Holz wurden Pappelsperrholz und mitteldicke Faserplatten (bei den Materialangaben abgekürzt als MDF-Platten) in verschiedenen Stärken verwendet. Außerdem: Holzhalbkugeln, Rohholzhände und -füße, Kerzentüllen für Kerzen oder Teelichter und Rundstäbe in verschiedenen Stärken. Alle Materialien bekommen Sie im Bastelfachhandel oder in Baumärkten. Die genauen Materialangaben finden Sie bei den Modellen.

Floristische Dekorationen
Moos, Heu, Luftwurzeln, Grasfasern, Seidenblüten und künstliche Efeu- und Blätterzweige bekommen Sie im Bastelfachhandel. Sollten Sie dennoch einmal nicht jedes im Modell verwendete Detail bekommen können, wandeln Sie die Vorschläge einfach nach Ihren Wünschen ab.

Werkzeuge und Hilfsmittel

- **für die Serviettentechnik:**

kleine Schere, normale Schere, Serviettenkleber, Flachpinsel und Schwämmchen zum Grundieren

- **für Holzarbeiten:**

Laub- bzw. Dekupiersäge oder Stichsäge, Paus- oder Kohlepapier, elektrische Bohrmaschine, Holzsägeblätter (fein und grob), Holzbohrer (ø 2 mm, 3 mm, 6 mm, 12 mm), Schmirgelpapier (mittel und fein), Feile, Pinsel, Holzleim

- **zur Befestigung von Gegenständen an den Ziegeln:**

Steinbohrer (ø 3 mm, 4 mm, 5 mm, 6 mm, 12 mm), elektrische Bohrmaschine, Seitenschneider oder Kneifzange, Gewindeschrauben mit Muttern und Senkkopfschrauben

- **für floristische Arbeiten:**

Klebepistole, Seitenschneider, Schere, Bindedraht, Messer, Krampen, Heißklebepistole, Steckmasse

So wird's gemacht

Holzarbeiten

- **Übertragen der Vorlagen**

Paus- bzw. Kohlepapier und die Motivvorlage übereinander auf das Holz legen. Die Konturen mit einem Bleistift oder Prägestift nachziehen.

- **Aussägen und Feinarbeiten**

Das Motiv entlang der durchgepausten Linien aussägen.
Die Schnittkanten mit Feile und Schmirgelpapier versäubern (fein schleifen).
Für die Befestigungen nach den Angaben beim jeweiligen Modell Löcher bohren.

- **Farbliche Gestaltung**

Nach der Anleitung der einzelnen Modelle vorgehen.
Wenn Sie mehrere Farben nass in nass ineinander malen, erzielen Sie interessante Farbeffekte.
Außendekorationen mit Lack versiegeln.

Serviettentechnik

- **Vorbereitungen**

Das gewünschte Motiv aus der Serviette ausschneiden oder ausreißen. Nur die oberste Lage der Serviette verwenden.
Den Untergrund, auf dem die Serviette angebracht werden soll, in Weiß grundieren.

- **Serviette anbringen**

Die Serviette auflegen und mit Serviettenkleber fixieren.

- **Farbliche Gestaltung und Abschluss**

Den Hintergrund gemäß der Anleitung des jeweiligen Modells gestalten. Das Werkstück mit einer weiteren Schicht Serviettenkleber versiegeln.

Floristische Arbeiten

- **Gestecke**

Steckgefäße mit Trockensteckmasse füllen.
Steckmasse mit Moos abdecken.
Das Moos mit Krampen fixieren.
Blumen und Blätterranken gemäß Abbildung hineinstecken.
Schleife binden und diese ggf. mit einer Krampe im Gesteck platzieren.

- **Arrangements mit Heißkleber**

Floristisches Material anordnen und mit Heißkleber befestigen.
Vorsicht bei Materialien wie Moos und Grasfaser. Es besteht Verbrennungsgefahr bei Kontakt mit dem Kleber.

Befestigung von Töpfen, Kerzenhaltern und Lichterketten

- an Biberschwanzziegeln

Biberschwanzziegel werden vom Hersteller bereits mit Bohrungen versehen. Verwenden Sie wenn möglich diese, um Gefäße oder Kerzenhalter am Ziegel zu befestigen. Sollten die vorgegebenen Löcher jedoch in den Abmessungen nicht mit den anzubringenden Gefäßen übereinstimmen, müssen eigene Bohrungen vorgenommen werden.

- Tongefäße und Ziegel

Tongefäße und Ziegel mit einem Steinbohrer von der Vorderseite her bohren. Mit einer kleinen Bohrergröße beginnen und die Löcher bis zur gewünschten Größe aufbohren, um ein Ausbrechen der Bohrungen zu verhindern.
Gefäße und Ziegel mit einer Gewindeschraube und Mutter verbinden.
Holzteile mit Senkkopfschrauben am Ziegel anbringen oder mit Holzleim fixieren.

- Drahthalterung

Drahthalterungen für Glasgefäße oder Kosmetik-Pads auf der Ziegelrückseite durch Zusammendrehen verschließen.

- Lichterketten

Bei der Verwendung einer Lichterkette an den markierten Stellen Bohrungen bis ø 12 mm vornehmen, die Lichter von der Ziegelunterseite durch die Löcher führen und evtl. mit etwas Pappe in der Öffnung fixieren.

Ständer für Ziegel

- Verwendungszweck

Der Dachziegelhalter bietet dem gestalteten Ziegel eine optimale, leicht abgeschrägte, feste Auflage. Der Betrachter hat einen guten Blick auf das Dekostück und der Ziegel kann nicht verrutschen oder umkippen. Verwenden lässt sich der Halter sowohl mit den geraden wie auch den abgerundeten Seitenteilen nach oben. Kabel, wie z. B. bei dem beleuchteten Ziegel, können gut auf der Ziegelrückseite versteckt werden, ohne dass sie geknickt oder abgedrückt werden.

- Arbeitsanleitung

Die Seitenteile des Ständers vom Vorlagenbogen auf die MDF-Platte übertragen, aussägen, schleifen, bohren und anmalen. Den Rundstab dritteln, die Stäbe in die Bohrungen der Seitenteile leimen und ebenfalls mit der Acrylfarbe bemalen.

Motivgröße
17 cm x 30 cm x 33 cm

Material
- MDF-Platte, ca. 37 cm x 32 cm, 8 mm stark
- Rundholz, ø 6 mm, 1 m lang
- Acrylfarbe in Terrakotta
- Holzleim

Vorlagenbogen 1A

Frühling in zartem Blau

(Abbildung auch auf Seite 1)

Die Holzbrettvorlage auf die MDF-Platte übertragen, aussägen, fein schleifen und anmalen.
Den Ziegel weiß grundieren.
Die Serviettenmotive ausreißen und mit Serviettenkleber auf dem Ziegel fixieren.
Mit dem Schwämmchen die Zwischenräume mit den Acrylfarben gestalten.
Das Holzbrett mit zwei Senkkopfschrauben am Ziegel anschrauben.
In das Glas ein Teelicht setzen.

Motivgröße
14 cm x 28 cm

Material
- Biberschwanzziegel, 14 cm x 28 cm
- MDF-Platte, ca. 8 cm x 10 cm, 18 mm stark
- Acrylfarbe in Weiß, Blau und Violett
- Serviette mit Frühlingsmotiven in Blau
- Glasgefäß in Tulpenform, ø 7 cm
- 2 Senkkopfschrauben, 3 mm x 30 mm
- Teelicht
- Malschwämmchen
- Serviettenkleber

Vorlagenbogen 1A

Ziegel mit Gesteck

Die Spitztüte mit Acrylfarbe bemalen. Um den Tütenrand mit Heißkleber etwas Grasfaser befestigen.
Zwei Löcher (ø 5 mm) für die Aufhängung des Ziegels und ein Loch (ø 4 mm) für die Befestigung der Tüte bohren.
Die Spitztüte mit der Gewindeschraube am Ziegel befestigen.
Die Spitztüte nun randhoch mit Steckmasse füllen. Mit Moos abdecken. Das Moos mit Krampen feststecken.
Aus dem breiteren Chiffonband eine Schleife binden und mit einer Krampe im Moos feststecken.
Das Pinselgras, die Margerite, die Clematisranke, das Schilfgras, das Küken und die Eierschale arrangieren, dabei an der Abbildung orientieren.
Das schmale Chiffonband als Aufhänger durch die Bohrlöcher ziehen und auf der Ziegelrückseite fest verknoten.

Motivgröße
14 cm x 41 cm

Material

- Biberschwanzziegel, 14 cm x 28 cm
- Spitztütenhänger aus Pappmaché, ø 10 cm, 26 cm hoch
- Acrylfarbe in Terrakotta
- Trockensteckmasse
- Moos
- Clematisranke
- Grasfaser in Orange
- Margeritenzweig in Zartgelb
- Schilfgraszweig
- Pinselgras
- Eierschalen
- Chiffonband in Gelb, 7 mm breit, 50 cm lang
- Chiffonband in Gelb-Orange, 40 mm breit, 1 m lang
- Küken in Gelb, ca. 5 cm hoch
- Gewindeschraube mit Mutter, 3 mm x 20 mm
- Krampen

Ziegel mit Windlicht

Motivgröße
14 cm x 28 cm

Material
- Biberschwanzziegel, 14 cm x 28 cm
- Glasgefäß, ø 9 cm, 8,5 cm hoch
- Draht, geglüht, ø 1,6 mm
- Bindedraht, ø 0,7 mm
- Zahnstocher
- Satinband in Weiß, 3 mm breit, 1,50 m lang
- Blütenranke in Weiß, 1,20 m lang
- Grasfaser in Creme
- Efeublätterranke
- Teelicht

Die Löcher (ø 4 mm) für die Aufhängung bohren und mittig zwischen die bereits vorhandenen Bohrungen im Biberschwanzziegel, ca. 1 cm nach oben versetzt, ein Loch (ø 4 mm) für die Drahthalterung des Glasgefäßes bohren.
Eine Drahtschlaufe aus dem dicken Draht im Durchmesser des Glases biegen. Den Draht 1 cm breit zusammendrehen, die Schlaufe um 90° abwinkeln, mittig auf dem Ziegel ausrichten, die Drahtenden durch die ursprünglichen Bohrungen im Ziegel führen und auf der Ziegelrückseite zusammendrehen.
Zur Fixierung des Drahtbügels über die Drahthalterung einen Bindedrahtabschnitt legen (ca. 5 cm lang), beide Drahtenden durch die zusätzliche Bohrung führen und auf der Ziegelrückseite über einen Zahnstocher wickeln. Den Zahnstocher stramm am Ziegel anliegen lassen.
Die Blütengirlande um den Drahtbügel winden und spiralförmig am Ziegel auslaufen lassen.
Aus 1 m Satinband eine Schleife binden und mit Heißkleber am Ziegel befestigen. Grasfaser und Efeublätter arrangieren.
Das restliche Satinband als Aufhängung durch die Bohrlöcher ziehen und auf der Rückseite zusammenknoten.

Handtuchhalter

Motivgröße
18 cm x 38 cm

Material
- Biberschwanzziegel, 18 cm x 38 cm
- Serviette mit maritimen Motiven
- Acrylfarbe in Weiß, Ocker und Beige
- Decorating-Paste
- 5 Muscheln
- 2 Holzmöbelknöpfe
- Meergras in Gelb
- Spachtel
- Malschwämmchen
- Serviettenkleber

Ziegel weiß grundieren.
Nach dem Trocknen mit einem Spachtel die Decorating-Paste auftragen. Die Muscheln in die Paste drücken und damit auf dem Ziegel fixieren.
Serviettenmotive ausreißen und mit Serviettenkleber auf dem Ziegel befestigen.
Den Ziegel mit einem Schwämmchen um die Muscheln und Serviettenmotive herum mit Farbe verzieren, indem die Farben mit Weiß beginnend ineinander getupft werden.
Die Möbelknöpfe mit Ocker anmalen und mit Holzleim am Ziegel befestigen.
Meergras mit Heißkleber oder Decorating-Paste befestigen und die Klebestelle farblich anpassen.

Wandhalter für Kosmetik-Pads

Den Fisch und das Seepferdchen vom Vorlagenbogen auf das Holz übertragen. Aussägen, fein schleifen, anmalen und Wackelaugen aufkleben.
Bohrungen (ø 4 mm) für die Befestigung der Kosmetik-Pads und für die Ziegelaufhängung vornehmen.
Ziegel weiß grundieren.
Fische aus der Serviette schneiden und mit Serviettenkleber befestigen.
Dekorating-Paste mit dem Spachtel auftragen. Ein paar Kieselsteine eindrücken und damit auf dem Ziegel fixieren.
Holzmotive mit Holzleim befestigen.
Um die Motive herum mit dem Schwämmchen etwas blaue Farbe auftupfen.
Drahtbügel für Kosmetik Pads gemäß Vorlagenbogen in Form biegen, auf die Ziegelvorderseite legen und mit geglühtem Bindedraht, der durch die Bohrlöcher geführt wird, befestigen. Bindedrahtenden auf der Ziegelrückseite zusammendrehen. Kordel als Aufhängung durch die Bohrungen ziehen und an den Enden verknoten.

Motivgröße
14 cm x 28 cm

Vorlagenbogen 1A

Material
- Biberschwanzziegel, 14 cm x 28 cm
- Pappelsperrholzrest, 5 mm stark
- Acrylfarbe in Weiß und Blau
- Serviette mit Fisch-Motiv in Blau
- Dekorating-Paste
- Kies in Weiß, grob
- je 1 Wackelauge, ø 0,5 mm und ø 10 mm
- Drahtabschnitt, ø 1,6 mm, ca. 45 cm lang
- Bindedraht, geglüht
- Kordel in Blau-Weiß, ø 3 mm, 50 cm lang
- Spachtel
- Malschwämmchen
- Serviettenkleber

Wandhalter mit Mäusen

Motivgröße
14 cm x 28 cm

Material
- Biberschwanzziegel, 14 cm x 28 cm
- MDF-Platte, 9 cm x 11 cm, 15 mm stark
- Acrylfarbe in Weiß, Gelb und Blau
- Draht, geglüht, ø 1,6 mm
- 2 Möbelholzknöpfe
- 2 Keramikmäuschen, ca. 6 cm groß
- Sortiment von Kochzubehör aus Holz
- 2 Senkkopfschrauben, 3 mm x 25 mm
- Rundzange
- Malschwämmchen

Vorlagenbogen 1A

Für den Draht, an den die Holzteile gehängt werden sollen, werden im Abstand von 7 cm zwei Löcher (ø 3 mm) in den Ziegel gebohrt.
Auf der Ziegelrückseite mittig, 2 cm vom oberen Rand entfernt, ein Loch (ø 6 mm) als Aufhänger bohren (ca. 10 mm tief).
Ziegel weiß grundieren.
Rand mit einem Schwämmchen blau betupfen.
Käsebrett vom Vorlagenbogen auf die MDF-Platte übertragen und aussägen.
Käsebrett und Möbelknöpfe anmalen.
Möbelknöpfe mit Holzleim in die Bohrungen des Biberschwanzziegels einleimen und das Brett anschrauben.
Mäuschen mit Heißkleber auf das Käsebrettchen kleben.
Zwei Drahtabschnitte von je 7 cm Länge zuschneiden. Jeweils ein Drahtende mit der Rundzange spiralförmig aufdrehen.
Beide Drahtstücke durch die Bohrungen im Ziegel stecken und auf der Ziegelrückseite umknicken.
Einen 10 cm langen Drahtabschnitt mit der Rundzange umbiegen. Dabei an der Abbildung orientieren. Das Küchenzubehör aus Holz auf den Draht ziehen und das andere Ende ebenfalls umbiegen.
Diesen bestückten Draht in die Drahthalterungen am Ziegel einhängen.

Zettelhalter

Auf der Ziegelrückseite mittig, 2 cm vom oberen Rand entfernt, ein Loch (ø 6 mm) als Aufhänger bohren (ca. 10 mm tief). Ziegel weiß grundieren. Schablone mit Küchenmotiven auflegen und mit dem Malschwämmchen die blaue Farbe auf den Ziegelrand und auf die Schablone tupfen. Dabei wenig Farbe verwenden, damit sie nicht unter die Schablone läuft. Zettelblock aufkleben. Aus je 1 m Karoband und 0,75 cm Kordel zwei Schleifen binden und diese mit Heißkleber auf dem Ziegel befestigen. 50 cm Kordel durch die Bohrung im Ziegel fädeln und auf der Ziegelrückseite mit einem Knoten versehen. Am anderen Kordelende einen mit einer Ringschraube versehenen Stift befestigen.

Motivgröße
14 cm x 28 cm

Material
- Biberschwanzziegel, 14 cm x 28 cm
- Acrylfarbe in Weiß und Blau
- Malschablone mit Kannen-Motiv
- Karoband in Blau-Weiß, 5 mm breit, 2 m lang
- Kordel in Weiß, ø 2 mm, ca. 2 m lang
- Ringschraube
- Zettelblock
- Stift
- Malschwämmchen

Gärtner Willy

Motivgröße
14 cm x 34 cm

Material
- Biberschwanzziegel, 14 cm x 28 cm
- Terrakotta-Halbtopf, ø 5 cm
- MDF-Platte, ca. 7 cm x 15 cm, 18 mm stark
- MDF-Platte, ca. 22 cm x 9 cm, 8 mm stark
- Acrylfarbe in Weiß, Terrakotta, Braun, Rot, Schwarz und Hellgrün
- Buchenkugel, ø 5 cm
- 2 Figurendrähte, ø 6 mm, je 21 cm lang
- 2 Holzfüße, je 4,5 cm lang
- 2 Holzhände, je 3 cm lang
- Filzreste in Hellgrün, Grün und Dunkelgrün
- 2 Knöpfe in Weiß, ø 10 mm
- Kokoswolle in Braun
- Strohhut, ø 8 cm
- Gießkanne in Hellgrün, 5 cm hoch
- 2 Senkkopfschrauben, 3 mm x 30 mm
- Gewindeschraube mit Mutter, 3 mm x 30 mm
- Bast in Natur
- wasserfester Filzstift in Schwarz
- Heißkleber

Vorlagenbogen 1A

Für die Aufhängung zwei Löcher (ø 5 mm) im Abstand von ca. 7 cm für die Aufhängung in den Ziegel bohren. Zwei weitere Löcher (ø 3 mm) werden ca. 1 cm vom unteren Ziegelrand entfernt für die Befestigung des Holzbrettes gebohrt. Der Abstand beträgt hier ca. 10 cm.
Vorlagen für die Holzteile vom Vorlagenbogen auf die MDF-Platten übertragen. Sitzbrett und Schild aussägen, schleifen und anmalen.
Den Halbtopf mit Bohrungen (ø 6 mm) für die Arme und Beine versehen. Den Figurendraht durch die Bohrungen fädeln und die Holzhände und -füße mit Holzleim ankleben.
Den Topf 18 mm vom unteren Ziegelrand entfernt mittig auf den Biberschwanzziegel legen. Die Bohrung des Halbtopfes auf den Ziegel übertragen und bohren.
Den Halbtopf mit den Filzteilen, die nach Vorlage zugeschnitten werden, und Knöpfen bekleben. Mit der Gewindeschraube den Topf befestigen und das Holzbrett darunter mit den Senkkopfschrauben anbringen.
Das Gesicht auf die Holzkugel übertragen und aufmalen.
Die Kokoswolle als Haare befestigen und den Strohhut mit Heißkleber darauf fixieren.
Nun den fertigen Kopf auf den Topf kleben.
Die zum Schlauch geschlossenen und zur Hälfte eingekräuselten Filzhosenbeine am Hosenbund fixieren. Die Holzfüße jeweils mit einer kleinen Bastschleife schmücken.
Die Schrift vom Vorlagenbogen auf das Schild übertragen und mit dem Pinsel oder einem wasserfesten Filzstift aufzeichnen.
Das fertige Schild mit Holzleim auf dem Ziegel befestigen.
Ein Stück Bast als Aufhänger durch die Bohrungen im Ziegel ziehen und auf der Ziegelrückseite verknoten.
Zum Schluss Willy die Gießkanne über den Arm streifen.

Bin im Garten

Motivgröße
17 cm x 38 cm

Material
- Biberschwanzziegel, 17 cm x 38 cm
- MDF-Plattenrest, 8 mm stark
- Acrylfarbe in Gelb, Grasgrün und Grün
- Holzhalbkugel, ø 15 mm
- Holzhalbkugel, ø 20 mm
- 5 Holzhalbkugeln, ø 30 mm
- Chenilledraht in Schwarz, ca. 21 cm lang
- 3 Pompons in Rot, ø 10 mm
- 2 Wackelaugen, oval, ø 10 mm
- Grasfaser in Hell- und Dunkelgrün
- Clematisranke
- Bindedraht, ø 0,7 mm
- wasserfester Fineliner in Schwarz
- 2 Senkkopfschrauben, 3 mm x 45 mm

Vorlagenbogen 1B

Pfiffige Hausnummern-Raupe

Zwei Löcher (ø 4 mm) im Abstand von 12 cm für die Aufhängung bohren. Im unteren Ziegelbereich mittig, ca. 2 cm vom Rand entfernt, ein Loch (ø 4 mm) zur Befestigung der Clematisranke bohren.
Hausnummer vom Vorlagenbogen – Sie finden dort alle Zahlen – auf die MDF-Platte übertragen, aussägen, schleifen und anmalen.
Die Holzhalbkugeln anmalen und wie abgebildet mit Holzleim auf den Biberschwanzziegel kleben.
Sechs Chenilledraht-Abschnitte von je 2,5 cm Länge zuschneiden und als Beine am Körper festkleben.
Zwei Chenilledraht-Stücke (je 3 cm lang) mit je einem Pompon als Fühler am Kopf befestigen.
Augen und Nase am Kopf anbringen und den Mund mit schwarzem Fineliner aufmalen.
Die Clematisranke mittig mit Bindedraht zusammenfassen. Die Drahtenden durch die Bohrung am Ziegel stecken und auf der Ziegelrückseite zur Fixierung auseinander biegen.
Mit Heißkleber die Grasfaser auf die Clematisranke kleben.

Mein Tipp

Zur individuellen Beschriftung können Sie auch Schablonen benutzen oder sich Schriftvorlagen mit dem Computer erstellen.

9a

„Ruhe bitte!"

Zwei Löcher (ø 5 mm) im Abstand von 7 cm für die Aufhängung in den Ziegel bohren. Zwei weitere Löcher (ø 3 mm) – ca. 1 cm vom unteren Ziegelrand entfernt im Abstand von 10 cm – werden für die Befestigung des Holzbrettes benötigt.
Vorlagen für die Holzteile vom Vorlagenbogen auf die MDF-Platten übertragen. Schild und Sitzbrett aussägen, schleifen und anmalen. Die Kanten danach noch einmal etwas anschleifen.
Den Halbtopf mit Bohrungen (ø 6 mm) für die Arme und Beine versehen. Den Chenilledraht durch die Bohrungen fädeln und die Holzhände und -füße mit Holzleim ankleben.
Den Topf 18 mm vom unteren Ziegelrand entfernt mittig auf den Biberschwanzziegel legen. Die vorhandene Bohrung des Halbtopfes auf dem Ziegel markieren und in diesen ein Loch (ø 4 mm) bohren.
Das Gesicht vom Vorlagenbogen auf die Holzkugel übertragen und aufmalen.
Die Kokoswolle als Haare befestigen und die Mütze vom Vorlagenbogen auf den Stoff übertragen. Die Naht schließen und die Mütze mit Heißkleber auf die Haare kleben.
An den fertigen Kopf ein 3 cm langes Stück Chenilledraht als Hals ankleben und diesen mit Heißkleber am Körper befestigen.
Kragen und Rüschen-Ärmel und -Beine vom Vorlagenbogen auf den Stoff übertragen, ausschneiden, zusammennähen, jeweils auf einer Seite mit einem Faden zusammenkräuseln und ankleben.
Mit der Gewindeschraube den Halbtopf am Ziegel befestigen und das Holzbrett darunter mit den Senkkopfschrauben anbringen.

Motivgröße
14 cm x 34 cm

Material
- Biberschwanzziegel, 14 cm x 28 cm
- Terrakotta-Halbtopf, ø 5 cm
- MDF-Platte, ca. 7 cm x 15 cm, 18 mm stark
- MDF-Platte, ca. 22 cm x 9 cm, 8 mm stark
- Acrylfarbe in Elfenbein, Terrakotta, Braun, Rot und Dunkelgrün
- Buchenkugel, ø 5 cm
- Chenilledraht in Haut, ø 8 mm, 2 x 21 cm und 1 x 3 cm lang
- 2 Holzfüße, 4,5 cm lang
- 2 Holzhände, 3 cm lang
- 2 Knöpfe in Gelb, ø 15 mm
- Stoffreste in Gelb und Gelb gemustert
- Kokoswolle in Braun
- 2 Senkkopfschrauben, 3 mm x 30 mm
- Gewindeschraube mit Mutter, 3 mm x 30 mm
- Bast in Natur
- wasserfester Filzstift in Schwarz
- Heißkleber
- Nähfaden in Gelb

Vorlagenbogen 1A + 2A

Mit zwei kleinen Bastschleifen die Holzfüße schmücken und die Knöpfe ankleben.
Die Schrift vom Vorlagenbogen auf das Schild übertragen, mit einem wasserfesten Filzstift und einem Pinsel aufzeichnen.
Das fertige Schild mit Holzleim auf dem Ziegel befestigen.
Etwas Bast als Aufhängung durch die Bohrungen im Ziegel ziehen und auf der Ziegelrückseite verknoten.

RUHE BITTE

Im Asia-Look

Motivgröße
18 cm x 52 cm

Material
- Halbziegel, 18 cm x 41 cm groß
- 3 Tontöpfe, ø 5 cm
- 2 Cannastäbe in Gelb
- Bambusblätterzweig
- 2 Callas in Weiß
- 3 Echeverien (Mini-Kakteen)
- Kokoswolle in Gelb
- Kokosmatte in Gelb
- Bindedraht in Grün
- Bast in Orange
- Heißkleber

Zwei Löcher (ø 4 mm) im Abstand von ca. 9 cm für die Aufhängung bohren.
Die Bambusblätter und Callas mit dem Bindedraht verbinden und mit Heißkleber in der Mitte des Ziegels fixieren.
Cannastäbe zurechtschneiden, an einer Seite rechtwinklig mit Bast verbinden und mit Heißkleber auf dem Ziegel befestigen.
Die Kokoswolle und die Tontöpfe mit den Minikakteen in den Zwischenräumen platzieren.
Aus der Kokosmatte zwei kleine Quadrate (4 cm x 4 cm) und ein Rechteck (7 cm x 4 cm) ausschneiden und auf die Cannastäbe kleben.
Etwas Bast als Aufhängung durch die Ziegelbohrungen ziehen und verknoten.

„Willkommen"

(Siehe auch Titelbild, Material auf S. 22)

Auf die Kunststoffherzen mit einem Schwämmchen die Frosteffektfarbe auftragen und trocknen lassen.
Unter den größeren Herzen je drei Markierungen für Lichterkettenlämpchen (siehe auch Abbildung auf S. 6) und unter dem kleineren Herz eine Markierung anzeichnen. Drei Lämpchen der Lichterkette werden am Ziegelrand verteilt.
Mit Steinbohrern von ø 5 mm bis ø 12 mm an den markierten Stellen Löcher in den Ziegel bohren.
Zur Befestigung der Herzhälften aus dem Sperrholz einen Rahmen arbeiten.

Hierfür die Kontur der Kunststoffformen auf das Holz übertragen, aussägen und so anpassen, dass die Holzherzen wie Rahmen in die Kunststoffherzen passen.
Die Holzrahmen auf die Bohrungen im Ziegel legen und die Stellen für die Lichter darauf markieren. In die Holzherzen dann mit Holzbohrern die Löcher (ø 12 mm) bohren.
Jedes Holzherz deckungsgleich mit den Bohrungen im Ziegel mit einer mittig angebrachten Gewindeschraube auf dem Ziegel befestigen.
Die Lichterkettenlämpchen von der Ziegelrückseite her in die Bohrungen führen und gegebenenfalls mit etwas Pappe darin fixieren.
Die satinierten Kunststoffherzen auf die Holzrahmen über die Lichter stecken.
Die Beschriftung vom Vorlagenbogen auf den Ziegel übertragen und mit Acrylfarbe aufmalen.
Die Luftwurzeln mit etwas Bindedraht mittig zusammenbinden.
Mit Heißkleber das Moos, das Luftwurzelbündel und die Marienkäfer auf dem Ziegel befestigen.

Motivgröße
33 cm x 43 cm

Material
- Ziegel, 33 cm x 43 cm
- Lichterkette mit 10 Lämpchen
- Sperrholzrest, 3 mm stark
- Kunststoffherz, teilbar, ca. 8 cm groß
- ½ Kunststoffherz, teilbar, ca. 6 cm groß
- Frosteffektfarbe in Orange
- Acrylfarbe in Creme
- 2 Marienkäfer, 5,5 cm lang
- Marienkäfer, 2,5 cm lang
- 5 Marienkäfer, 2 cm lang
- Moos
- Luftwurzeln oder Clematisranke
- Bindedraht
- Malschwämmchen

Vorlagenbogen 1A

Ziegel mit origineller Spitztüte

Zwei Löcher (ø 4 mm) im Abstand von 12 cm für die Aufhängung bohren. Im unteren Ziegelbereich mittig ein Loch (ø 4 mm) als Befestigungspunkt für die Spitztüte bohren, sodass die Spitztüte die ursprünglichen Löcher im Biberschwanz-ziegel abdeckt.
Die Spitztüte mit der Gewindeschraube am Ziegel befestigen.
Die Steckmasse randhoch in die Spitztüte füllen und mit Moos und zwei Heubündeln abdecken. Zum Befestigen Krampen verwenden.
Zwei Spiralen aus dem Aludraht biegen. Gänsestecker, Efeu- und Blütenranken, Schierling und Aludrahtspiralen im Gefäß arrangieren.
Schmetterlinge mit Heißkleber auf dem Ziegel befestigen.
Ein 50 cm langes Stück des cremefarbenen Bandes als Aufhängung festknoten. Aus dem restlichen Band zwei Schleifen binden und mit Heißkleber fixieren. Darauf zwei blaue Schleifen befestigen.

Motivgröße
18 cm x 50 cm

Material

- Biberschwanzziegel, 18 cm x 38 cm
- Blechspitztüte , ø 9,5 cm, 26 cm lang
- Trockensteckmasse
- 2 Efeuranken, je 30 cm lang
- Moos und Heu
- Blütenranke in Blau, ca. 1 m lang
- Schierling in Creme
- Gänsestecker
- 3 Schmetterlinge aus Holz mit Metallflügeln
- Aludraht, weich, ø 1 mm, ca. 1,50 m lang
- Drahtband in Creme, 10 mm breit, 1 m lang
- Satinband in Blau, 3 mm breit, 50 cm lang
- Gewindeschraube mit Mutter, 3 mm x 20 mm
- Krampen

Dachziegel mit Efeu-Motiv

Motivgröße
25 cm x 41 cm

Material
- Dachziegel, 25 cm x 41 cm
- Acrylfarbe in Weiß und Graublau
- 2 Servietten mit Efeubogen-Motiv
- Keramikkrug, ø 4 cm
- Weidenranke in Grün
- 5 Efeublätter
- Grasfaser in Dunkelgrün
- Seidenblüten in Creme
- Malschwämmchen
- Serviettenkleber

Vorlagenbogen 1B

Ziegel weiß grundieren.
Serviettenmotiv rechtsbündig auf dem Ziegel mit Serviettenkleber befestigen.
Linke Ziegelhälfte mit Motiven aus der zweiten Serviette ergänzen.
Die Acrylfarben mit dem Malschwämmchen als Himmel auftragen.
Schrift vom Vorlagenbogen übertragen und mit dem Pinsel aufmalen.
Den Krug mit Heißkleber auf den Ziegel kleben. Efeublätter, Weidenranke, Grasfaser und die Seidenblüten anordnen und fixieren.

Ziegel mit Kerze

Für die Befestigung des Kerzenhalters mittig in den Ziegel, 8 cm vom unteren Ziegelrand entfernt, ein Loch (ø 6 mm) bohren.
In die Kerzentülle ebenfalls ein Loch bohren (ø 6 mm, ca. 1 cm tief).
Den Rundholzabschnitt und die Kerzentülle zusammenleimen, anmalen und mit Holzleim am Ziegel anbringen.
Aus den Bändern eine doppelte Schleife binden.
Mit Bindedraht das Beerenkränzchen, den Pinselgraszweig und das Efeu an der Schleife befestigen.
Diese Dekoration mit Bindedraht am Kerzenhalter fixieren.
Zum Schluss die Kerze in den Halter stecken.

Motivgröße
24 cm x 65 cm

Material
- Firstziegel, 24 cm x 40 cm
- Rundholz, ø 6 mm, 6 cm lang
- Kerzentülle, 30 mm x 25 mm groß
- Metallicfarbe in Schwarz
- Efeuranke
- Beerenkränzchen in Grün
- Pinselgraszweig in Grün
- Drahtband in Grün, 25 mm breit, 1 m lang
- Kordel in Grün-Natur, 5 mm breit, 1 m lang
- Bindedraht
- Holzleim
- Kerze in Grün

Ziegel mit Schmetterlingen

Für die Aufhängung ein Loch (ø 4 mm) in den Ziegel bohren. Das Loch vom Halbtopf auf den Ziegel übertragen und ebenfalls in den Ziegel bohren (ø 4 mm).
Schmetterlinge aus der Serviette schneiden.
Den Pappelsperrholzrest weiß grundieren und zwei Schmetterlinge mit Serviettenkleber darauf befestigen.
Die Schmetterlinge aussägen, schleifen und die Kanten schwarz anmalen.
Auf dem Ziegel mit einem Bleistift die Konturen der weiteren Schmetterlinge markieren, die Schmetterlinge zunächst wieder entfernen und die Flächen weiß grundieren.
Darauf mit Serviettenkleber die Schmetterlinge befestigen.
Die plastischen Holzschmetterlinge mit Holzleim fixieren und den gesamten Ziegel mit Serviettenkleber versiegeln.
Den Halbtopf mit der Gewindeschraube am Ziegel befestigen.
Die Efeupflanze in den Topf setzen.

Motivgröße
18 cm x 38 cm

Material
- Biberschwanzziegel, 18 cm x 38 cm
- Keramikhalbtopf, ø 7 cm, 9,5 cm hoch
- Pappelsperrholzrest, 5 mm stark
- Serviette mit Schmetterlings-Motiven
- Acrylfarbe in Weiß und Schwarz
- Efeupflanze
- Gewindeschraube mit Mutter, 3 mm x 30 mm
- Serviettenkleber

Dekorative Gespenster

Motivgröße
30 cm x 40 cm

Material
- Firstziegel, 24 cm x 40 cm
- MDF-Platten, ca. 20 cm x 25 cm, 8 mm stark
- Acrylfarbe in Weiß und Schwarz
- Metallträger in Schwarz, 6 cm - 8 cm lang, mit Schraube
- Gliederkette, 19 cm lang
- Laterne, 7,5 cm x 7,5 cm x 12 cm
- Spinnfaser in Schwarz
- Bindedraht (für Aufhängung)
- Holzleim

Vorlagenbogen 2A

Die Löcher des Metallträgers auf den Ziegel übertragen.
Die Löcher in den Ziegel bohren und den Träger anschrauben. Auf der Ziegelrückseite eine Drahtschlaufe an der oberen Schraube des Metallträgers befestigen. Diese Drahtschlaufe dient als Aufhängung.
Alternativ den Ziegel mit zusätzlichen Schrauben aufhängen.
Die Gespenster vom Vorlagenbogen auf die MDF-Platte übertragen, aussägen, schleifen, anmalen und mit Holzleim auf dem Ziegel fixieren.
Die Laterne an der Gliederkette befestigen und die Kette an den Metallträger hängen. Dazu die runde Blende abschrauben, die Kette auf den Träger legen und die Blende wieder anschrauben. Unten durch das letzte Kettenglied den Henkel der Laterne führen und ihn anschließend wieder einhängen.
Etwas Spinnfaser über den Ziegel spannen.

Ziegel mit Terrakotta-Herzen

8 cm vom unteren Ziegelrand entfernt mittig ein Loch (ø 6 mm) für die Kerzenhalterbefestigung bohren.
Die Kerzentülle ca. 0,5 cm tief einbohren (ø 6 mm).
Den Rundholzabschnitt und die Kerzentülle zusammenleimen, anmalen und mit Holzleim im Ziegelloch fixieren.
Aus den Bändern eine doppelte Schleife binden.
Die Krüge mit Bindedraht an der Schleife befestigen und mit der Kokoswolle füllen.
Zwei der Herzen mit Heißkleber an die Kordel kleben und die restlichen drei auf dem Ziegel verteilen.
Die Luftwurzeln mit Bindedraht hinter der Schleife fixieren und die gesamte Dekoration mit Bindedraht am Kerzenhalter befestigen.
Das 50 cm lange Band als Aufhängung durch die oberen Ziegelbohrungen fädeln und auf der Rückseite verknoten.
Die Kerze in den Halter stecken.

Motivgröße
24 cm x 65 cm

Material
- Biberschwanzziegel, 18 cm x 38 cm
- Kerzentülle, profiliert, 30 mm x 30 mm
- Rundholz, ø 6 mm, 6 cm lang
- Metallicfarbe in Schwarz
- 2 Tonkrüge, je 5 cm hoch
- 5 Terrakotta-Herzen, 2,5 cm groß
- Luftwurzeln
- Kokoswolle in Braun
- Drahtband in Creme-Natur, 40 mm breit, 1 m lang
- Kordel in Creme, 3 mm breit, 1 m lang
- Drahtband in Creme, 10 mm breit, 50 cm lang
- Kerze in Creme
- Bindedraht
- Holzleim
- Heißkleber

Stimmungsvolles Ensemble in Rot

Den Halter für den Ziegel vom Vorlagenbogen auf die MDF-Platte übertragen, aussägen, schleifen, bohren und mit Holzleim auf die Ziegelrückseite leimen.
Die Kerzentüllen ca. 1 cm tief einbohren (ø 6 mm).
Die Rundholzabschnitte und die Kerzentüllen zusammenleimen, anmalen und mit Holzleim am Ziegel in den beiden vorhandenen Bohrungen fixieren.
Die Beerenranke an einem Kerzenhalter fixieren und mittig am Ziegel hochranken lassen.
Den Chiffonschlauch an einem Ende mit Messingdraht schließen und mit den Naturmaterialien füllen.
Mit jeweils 50 cm Kordel den gefüllten Schlauch an drei Stellen an der Beerenranke befestigen. Dabei etwas Grasfaser im Bereich der Schleife einbinden.
Das Schlauchende ebenfalls mit Messingdraht verschließen.
Zum Schluss die Kerzen in die Halter stecken.

Motivgröße
20 cm x 40 cm

Material
- Ortgangziegel, 20 cm x 40 cm groß
- 2 Rundhölzer, ø 6 mm, je 6 cm lang
- 2 Kerzentüllen, 30 mm x 25 mm
- MDF-Platten, ca. 10 cm x 16 cm, 15 mm stark
- Metallicfarbe in Schwarz
- Chiffonschlauch in Rot, 10 cm breit, 50 cm lang
- Kordel in Rot, ø 2 mm, 1,50 m lang
- Beerenranke in Rot, ca. 80 cm lang
- Grasfaser in Grün
- getrocknete Orangenscheibe
- Nüsse, Zapfen und Zimtstangen
- Messingdraht
- 2 Kerzen in Rot
- Holzleim

Vorlagenbogen 2A

Es ist Winterzeit!

Ziegel weiß grundieren.
Serviettenmotive ausreißen und mit Serviettenkleber befestigen.
Den Himmel mit Acrylfarbe aufmalen.
Die Schneeflächen mit Strukturschnee plastisch ausarbeiten.

Motivgröße
42 cm x 18 cm

Material
- Halbziegel, 18 cm x 42 cm
- Serviette mit Winter-Motiven
- Acrylfarbe in Weiß und Blau
- Strukturschnee
- Serviettenkleber